MYTHOLOGIE ÉGYPTIENNE

HISTOIRES DU PANTHÉON ÉGYPTIEN

ADAM ANDINO

CONTENTS

INTRODUCTION : UNE BRÈVE HISTOIRE DE L'ÉGYPTE ANCIENNE

"Pharaon, laisse partir mon peuple! Moïse, personnage des textes bibliques, a un jour confronté le pharaon Ramsès pour qu'il permette à son peuple, les Juifs, de sortir librement de leur esclavage. Lorsque le pharaon a refusé, il a été confronté à sept puissantes plaies et horreurs avant de finalement permettre aux Juifs de partir librement. Bien que cette histoire soit un puissant témoignage biblique sur la fraternité et la liberté des peuples, elle dépeint également l'histoire de l'ancienne culture égyptienne comme une histoire pleine de dégradation et de blasphème. En raison de ses croyances religieuses polythéistes, le christianisme a souvent vilipendé les anciens Égyptiens et leur droit divin à régner.

Chaque culture de l'histoire a eu sa propre représentation de l'esclavage et du travail forcé. Malheureusement, l'asservissement d'autrui n'est pas un concept nouveau, mais semble être ancré dans la nature humaine. Toutefois, l'impact de l'esclavage dans la culture égyptienne ancienne n'était pas aussi important que ce qui est décrit dans les textes religieux et autres. Si les esclaves étaient encore utilisés, il s'agissait soit de prisonniers de guerre, soit de contrevenants à la loi, soit de personnes incapables de payer leurs dettes. Les esclaves n'appartenaient pas à une culture particulière, mais étaient principalement composés de ceux qui avaient fait les mauvais choix dans la vie.

La culture de l'Égypte ancienne était pleine de vie, et elle la célébrait. Il est de notoriété publique que les Égyptiens de l'Antiquité nourrissaient des opinions antagonistes à l'égard des autres cultures, mais celles-ci découlaient simplement de la conviction que leur mode de vie était supérieur à celui des autres. Des rois et pharaons aux paysans, chacun jouait un rôle qui contribuait à l'amélioration de la société.

La civilisation la plus ancienne

La civilisation de l'Égypte ancienne a duré plus de 3 000 ans, bien plus longtemps que le tristement célèbre Empire romain (plus de 1 000 ans). Cette civilisation était située sur le Nil, dans la partie nord de l'Afrique, ce qui favorisait le commerce et d'autres intérêts économiques. La terre était fertile, de sorte que l'agriculture, et donc les agriculteurs, constituaient un atout considérable pour leur civilisation. La terre était également riche en minéraux et en matériaux de construction, tels que le calcaire et le granit, qui ont contribué à financer leur mode de vie. En conséquence, trois millénaires se sont écoulés avec la montée et la chute d'un empire et de nombreuses dynasties qui accordaient au roi (et éventuellement au pharaon) le droit divin de régner sur la civilisation.

Le droit divin de régner

Les pharaons ont obtenu le pouvoir simplement en naissant ou en se mariant au sein d'une dynastie. Selon leurs traditions, le pharaon était responsable de l'ensemble de la civilisation. Considérés comme triés sur le volet par les dieux, les rois et les pharaons suivants, ainsi que les autres membres de leur lignée, se voyaient accorder l'accès à la gouvernance du pays. C'est donc la raison pour laquelle ils menaient un style de vie somptueux et s'enrichissaient. À la fois dieu, roi et prêtre, le roi devait veiller au bonheur et à la subsistance de son peuple. C'est ce que l'on appelle le *ma'at, l'*équilibre et l'harmonie.

Contrairement à d'autres civilisations et panthéons, la culture égyptienne accordait une importance primordiale aux textes écrits. Les scribes, ou écrivains, étaient chargés de transcrire et d'enregistrer tous les événements de la journée, en particulier ceux des classes sociales supérieures, comme les membres de la cour et le roi. Les événements quotidiens de la classe supérieure étaient de la plus haute importance et présentaient le plus grand intérêt pour les gens du peuple, mais certains textes sur la vie des paysans étaient également documentés.

La vie quotidienne des Égyptiens

L'agriculture, l'une des ressources les plus importantes pour le commerce et les échanges, a influencé la vie de nombreux Égyptiens. La classe la plus basse était celle des paysans et des agriculteurs. Cela ne les dissuadait pas de faire du commerce et ils remerciaient les dieux de leur accorder des récoltes abondantes. Cependant, lorsque le Nil était en crue chaque été, ils étaient également chargés de travailler sur les projets du roi et recevaient une compensation pour cela. Certains de ces projets comprenaient la construction des pyramides.

La forge et l'artisanat étaient considérés comme des métiers spécialisés. Comme dans la société actuelle, ceux qui excellaient dans leur travail étaient également pris en considération pour une commande par les rois eux-mêmes et d'autres membres de haut rang de la société.

L'armée du royaume égyptien, puis de l'empire, était nécessaire pour étendre les frontières et faire des conquêtes. L'armée égyptienne a été le premier système militaire organisé et a su assurer sa survie. Les membres de l'armée étaient généralement recrutés par conscription, les généraux de haut rang appartenant à la classe supérieure et les simples soldats étant des paysans et des agriculteurs. En règle générale, si une personne est née dans une classe spécifique, elle reste dans cette classe. Dans le cas de l'armée, cependant, ils étaient autorisés à monter en grade en fonction de leurs compétences au combat et de leurs qualités de chef.

Les femmes avaient également plus de pouvoir que dans certaines sociétés actuelles. Elles étaient autorisées à divorcer de leur mari, à posséder une entreprise, à conclure des contrats avec des hommes et avaient même le droit d'avorter. Les femmes pouvaient également être prêtres et occuper la plupart des postes de pouvoir occupés par les hommes, comme la prêtrise, mais elles ne pouvaient adhérer qu'aux cultes d'une divinité du même sexe qu'elles. Si une femme était mariée à un paysan, elle ne labourait pas les champs, mais était au foyer et chargée d'élever les enfants. Les femmes n'étaient généralement pas membres de l'armée et ne souhaitaient souvent pas en faire partie. Les deux sexes se maquillaient, plus particulièrement avec du *khôl*, qui se rapproche d'un eye-liner épais. Ce maquillage avait pour but de protéger la peau et les yeux de la dureté du soleil et de réduire l'éblouissement.

Vénérer les dieux

Les Égyptiens pratiquaient une religion polythéiste, c'est-à-dire qu'ils croyaient en un panthéon de nombreux dieux. Les dieux et les déesses contrôlaient tous les aspects de la vie, de l'agriculture à la météo et même à la mort. La plupart des gens allaient même pieds nus parce que les dieux n'avaient pas de chaussures et qu'ils voulaient reproduire cet effet.

L'un des effets les plus influents des divinités sur la population a été la construction des pyramides elles-mêmes. Les pyramides étaient des tombeaux qui abritaient tous les biens du roi pour son voyage dans l'au-delà. C'est pourquoi des tombes massives ont été construites pour garantir la préservation des richesses. En outre, la préservation des corps était également essentielle. La momification et l'ablation des organes inutiles, y compris le cerveau, étaient essentielles. Dans l'au-delà, les rois étaient alors jugés par Anubis, le dieu de la mort, qui pesait leur cœur pour déterminer s'ils étaient dignes de rejoindre les rangs des autres rois.

Outre la mort, les divinités représentaient également l'importance de la vie et de l'harmonie. Des temples étaient érigés pour chaque divinité, en particulier pour celles qui étaient les plus importantes. Chaque divinité était associée à des rites, des rituels et d'autres pratiques cérémonielles spécifiques, ainsi qu'à son pouvoir. La magie était considérée comme la base de leur pouvoir, qui, selon le mythe égyptien de la création, était même antérieur aux dieux eux-mêmes.

Les festivals et les divertissements étaient le summum de la paix et de l'harmonie reflétée dans le panthéon et la civilisation. La plupart des festivals et des célébrations étaient fondés sur la religion, ce qui signifiait également que les gens célébraient en s'enivrant, en remerciant cette divinité et en demandant une faveur pour l'avenir. Un exemple de fête somptueuse était la fête de Bast, qui célébrait la naissance de Bastet, déesse de la fertilité, des chats et des femmes. La fête ne durait qu'une journée, mais elle était l'une des plus populaires. Certains textes affirment que jusqu'à 700 000 personnes ont assisté à la fête à son apogée. C'était une journée pleine de danse, de boisson et de musique.

Les dieux et les déesses faisaient partie intégrante de la vie quotidienne des Égyptiens de l'Antiquité. Les prêtres nourrissaient les statues des dieux qu'ils servaient trois fois par jour. Les prières et les rituels étaient pratiqués quotidiennement par tous les membres de la société. Toutes les formes d'écriture étaient considérées comme des archives du temps, les divinités régnant sur leurs bibliothèques éternelles. Les dieux régnaient sur tous les aspects de la vie et même sur la mort. Le prochain chapitre présentera une liste des principales divinités et de ce sur quoi elles régnaient.

CHAPITRE 1 : LES 14 PRINCIPAUX DIEUX ET DÉESSES

Le panthéon de l'Égypte ancienne suscite encore aujourd'hui l'admiration et la créativité. D'innombrables artistes ont été inspirés par les Égyptiens, et des films tels que *La momie* ont suscité une renaissance de l'intérêt pour la mythologie égyptienne. En raison de la quantité de récits mythologiques et historiques, le panthéon égyptien est l'un des plus complets du monde de la mythologie. Quatorze des principaux dieux et déesses sont énumérés et décrits ci-dessous. Certaines de ces divinités ont plusieurs orthographes, qui sont également incluses.

Amon (Amon) : Dieu de l'air

Amon, connu sous le nom d'Amon-Ra dans les dernières années de la mythologie, était le dieu de l'air. À l'origine, Amon était un dieu mineur de la fertilité et une divinité protectrice de Thèbes, mais dans les mythes de création ultérieurs de la civilisation, il était l'un des créateurs du monde. Son nom était censé signifier "le Caché", mais son étymologie reste mystérieuse. Amon était généralement représenté coiffé d'une couronne massive et divisée en deux.

Après la bataille contre les Hyksos, dont les Égyptiens sortirent victorieux, Amon devint l'un des dieux les plus importants du panthéon. Il a fusionné avec Râ vers la fin de la civilisation, les deux divinités devenant alors les êtres les plus puissants de la mythologie.

Anubis : Dieu de la mort et de l'embaumement

Anubis est peut-être l'une des divinités les plus célèbres. Représenté sous la forme d'un homme à tête de chacal, il était le dieu de la mort, plus précisément le dieu de l'embaumement et des soins funéraires, et il était surtout connu pour son rôle dans le rituel que chaque âme subit après la mort. On croyait qu'il ne se contentait pas d'escorter les morts dans la salle de la Vérité avant le rituel, mais qu'il était aussi celui qui accomplissait le rituel. Lors de la "pesée du cœur", le cœur du défunt était pesé contre la plume de Maât, la déesse de la justice. Si le cœur était aussi lourd ou plus léger que la plume, le défunt avait accès au paradis de l'au-delà. En revanche, s'il était plus lourd en raison des nombreuses injustices commises dans son cœur, son âme était donnée en pâture à Ammit ou au dévoreur d'âmes.

Anubis et sa famille ont été victimes de trahisons. Son père était Osiris, le dieu des morts, et sa mère Nephtys, la déesse des funérailles. Après que Seth, qui était à la fois le mari et le frère de Nephtys, l'a abandonnée, Anubis est allé vivre avec Osiris et sa femme Isis. L'achèvement de ce mythe sera abordé au chapitre 4.

Bastet (Bast) : Déesse des chats et du foyer

Bastet, comme indiqué dans le titre, était la déesse du foyer, de la fertilité, de l'accouchement et, bien sûr, des chats. Elle était la fille du dieu du soleil Râ et était souvent liée à Horus. Elle éloignait le mal dans la maison et pour les femmes et les enfants qui s'y trouvaient. Au début de la civilisation, la déesse était représentée sous les traits d'une femme à tête de lionne ; au fil des ans, sa représentation s'est transformée en une chatte à l'allure royale, avec des anneaux dans le nez.

Elle était extrêmement populaire parmi les Égyptiens et avait la réputation d'accorder des faveurs à ceux qui le lui demandaient pendant sa fête. Elle était la préférée des femmes, en particulier lors de la fête qui portait son nom. En outre, c'est à cause d'elle que les chats étaient considérés comme sacrés dans la civilisation. Il ne fallait faire aucun mal aux chats, quelle qu'en soit la raison, car on croyait que tout chat était son incarnation.

Hathor : Déesse de l'amour et de la joie

Hathor était une autre fille de Râ et, par conséquent, la sœur de Bastet. Elle était également l'épouse d'Horus. Elle était souvent représentée avec des cornes sur la tête, ou comme du bétail, et était une déesse puissante. Elle était la déesse de la joie, de l'amour, de la beauté, de la fête, des femmes, de l'accouchement et même de l'ivresse. L'une de ses fonctions était de guider les âmes dans l'au-delà, et elle a également défendu la barge solaire de Râ contre Apep, un mythe qui sera abordé au chapitre 3.

Heka : Dieu de la médecine et de la guérison

Hêka était l'un des dieux les plus anciens et les plus importants du panthéon égyptien. Il était le dieu de la médecine et de la guérison, un élément essentiel de la culture égyptienne. Les médecins et les docteurs vénéraient cette divinité, non seulement pour ses pouvoirs de guérison, mais aussi pour sa maîtrise de la magie. La magie étant présente dans tous les aspects de la culture égyptienne, cette divinité était également considérée comme la source de tous les pouvoirs de l'univers.

Il fut l'un des premiers dieux à exister, précédant même Râ. Dans les mythes ultérieurs, cependant, il était considéré comme le fils de Khnoum et de Menhet. Il était souvent représenté avec un bâton équipé en permanence, et les mythes ultérieurs racontaient comment son bâton était alors entrelacé de deux serpents.

Horus : Dieu de la royauté

Horus a connu une histoire unique dans son développement en tant que dieu. Dans les premières années de l'ancienne mythologie égyptienne, il était considéré comme l'un des cinq dieux du mythe de la création, présidant au soleil, au pouvoir et au ciel. Il était représenté sous la forme d'un faucon ou d'un homme à tête de faucon. À ce stade, il était connu sous le nom d'Horus l'Ancien et était considéré comme l'une des divinités les plus importantes, aux côtés de ses quatre frères et sœurs Osiris, Iris, Seth et Nephtys.

Sa version ultérieure, Horus le Jeune, était la plus populaire des deux. La popularité d'Horus le Jeune s'est accrue au fur et à mesure que les mythes le concernant prenaient de l'importance. Dans ce mythe, Horus est le fils d'Osiris et d'Isis. Il était également associé au pouvoir divin et l'on croyait que tous les rois et pharaons étaient Horus incarné. Cela expliquait les nombreuses dynasties de la civilisation, et donc le fait que chaque roi avait canalisé le dieu au cours de sa vie. Le mythe d'Horus et son ascension au trône seront détaillés au chapitre 4.

Isis : Déesse des secrets et de la magie

Isis, la déesse de tous les aspects de la civilisation égyptienne, était connue comme la "mère des dieux". Elle était l'épouse et la sœur d'Osiris, et ils ont eu ensemble Horus le Jeune. Ses autres frères et sœurs étaient Seth, Nephthys et Horus l'Ancien. Elle s'occupait souvent des gens pendant leur vie et les guidait dans l'au-delà.

Déesse des secrets et de la magie, elle était l'une des divinités les plus puissantes du panthéon. Ses mythes, en particulier celui qui tourne autour de la mort de son mari Osiris, étaient considérés comme l'une des histoires les plus importantes pour les Égyptiens de l'Antiquité.

Dans une représentation d'Isis et d'Horus le Jeune, on la voit bercer son fils. De même, l'iconographie chrétienne représente la Vierge Marie berçant son fils Jésus. Parce qu'elle s'occupait des gens à tous les stades de leur vie, elle était un élément essentiel du panthéon égyptien et était vénérée par tous. Isis est l'une des divinités qui a régné le plus longtemps dans un panthéon, depuis les premières civilisations égyptiennes jusqu'à la Grèce et à Rome. Pendant l'Empire romain et sa chute, il existait un culte spécifiquement dédié à Isis. Ce culte était l'une des principales sources de résistance à la nouvelle foi chrétienne. En conséquence, son image a influencé la religion chrétienne à travers les images de Marie et de Jésus.

Ma'at : Déesse de l'harmonie

Maât était au cœur de la culture de l'Égypte ancienne. Son nom se traduit par "harmonie", l'un des fondements de la civilisation. Elle était la déesse de la justice, de la vérité et, bien sûr, de l'harmonie. C'est également elle qui contrôlait le changement des saisons et positionnait les étoiles dans le ciel la nuit. Souvent représentée comme une femme portant un diadème avec une plume d'autruche, elle accompagnait tous les hommes dans leur vie et était présente lorsque leur âme était jugée. Elle était une déesse vénérée dans tout le panthéon.

Osiris : Dieu des Enfers

Osiris, autre divinité très célèbre, était le frère d'Isis, de Seth, d'Horus l'Ancien et de Nephtys. Sa femme était sa sœur Isis, et il avait deux fils : Horus le Jeune et un fils adoptif, Anubis. En tant que dieu de la mort et des Enfers, il était chargé de superviser les Enfers aux côtés d'Anubis. Dans la mythologie ancienne, il était un dieu de la fertilité et devint plus tard le premier souverain du peuple égyptien. Il était souvent représenté sous la forme d'une momie à la peau noire verdâtre, embaumée. Cela symbolisait non seulement son implication auprès des morts, mais aussi son influence sur le Nil et, par conséquent, sur la fertilité.

Le Livre des morts, l'un des ouvrages les plus célèbres de l'Égypte ancienne, le présente comme l'un des juges du rituel de la pesée du cœur après la mort. Il fut l'une des premières divinités à représenter la résurrection et aurait influencé le culte d'Isis dans l'Empire romain. Le mythe entourant sa mort sera étudié plus en détail au chapitre 6.

Ptah : Dieu de la vérité

Ptah était considéré comme le dieu originel avant tous les autres dans l'ancienne mythologie égyptienne. La création de l'univers et des premiers dieux eux-mêmes faisait partie de sa conception. Il était le dieu de la vérité et la divinité protectrice de la ville de Memphis vers 3000 avant notre ère. En outre, il régnait sur les artisans et l'artisanat. Cela s'étendait aux architectes qui concevaient et construisaient des bâtiments. Il était souvent représenté sous la forme d'une momie portant une c oiffe.

Râ (Amun-Ra, Re, Atum) : Dieu du soleil

Râ, en plus d'autres dieux, était responsable de la création de la terre et de ses habitants. Il était le dieu du soleil et le créateur suprême, qui avait plusieurs mythes à son actif, dont le mythe de la création. Il était responsable de la transformation du jour en nuit et vice versa, ce qui a donné lieu à un mythe sur l'un de ses ennemis jurés, Apep, le serpent qui s'est battu avec lui pour la domination du monde. Rê était représenté sous la forme d'un faucon ou d'un homme à tête de faucon.

Selon les différents textes et traductions du mythe de la création, Râ et Amon ont souvent été utilisés l'un à la place de l'autre. Dans certains textes, Râ était le créateur suprême de l'univers et de la terre, tandis que d'autres affirmaient qu'il avait simplement joué un rôle dans la création. On croyait que Râ était le père de Tefnout et de Shou, les divinités de la chaleur et de l'air respectivement, mais seulement selon certaines versions du mythe.

Seshat : Déesse de l'écriture et des mesures

Seshat était la déesse de l'écriture, des mesures, des livres et des archives. Elle était considérée comme la patronne des bibliothèques privées et publiques et invitait tout un chacun à faire l'expérience de l'alphabétisation. Son époux Thot était le dieu de l'écriture et de la sagesse. Cependant, c'est son expertise en matière de mesures qui l'a rendue mémorable. Souvent, le roi rendait hommage à cette déesse pour s'assurer qu'il prenait les mesures exactes pour chaque bâtiment construit. Par conséquent, les constructeurs et les architectes lui rendaient également hommage. Bien qu'elle n'ait pas eu de temple attitré, elle était également une divinité importante pour les scribes. Seshat était représentée avec une peau de léopard sur le haut de sa robe et équipée d'une tablette d'écriture dans sa main droite, représentant son amour pour l'écriture.

Set (Seth) : Dieu du chaos

Seth est le dieu du chaos, des déserts, des tempêtes et de la guerre. Il était marié à sa sœur Nephtys et était le frère d'Osiris, d'Horus l'Ancien et d'Isis. Cependant, il est actuellement mieux connu comme le premier meurtrier dans les textes écrits. Seth était considéré comme le mal nécessaire pour créer l'équilibre et être l'antagoniste des dieux bienveillants Horus et Osiris. Il était souvent représenté avec les sabots d'un taureau et le corps cramoisi d'une bête à la queue fourchue, un peu comme les chrétiens dépeignent leur personnage de Satan.

Seth était un dieu troublé, rempli de rage et de jalousie, qui a fini par tuer son frère. Cependant, il a eu un arc de rédemption. En guise de récompense, il aida Râ dans la bataille nocturne contre le serpent Apep pour la domination des cieux.

Thot : Dieu de l'écriture et de la sagesse

Thot était le dieu de l'écriture et de la sagesse, aux côtés de son épouse Seshat. Il est le dieu qui a créé le langage parlé et l'inventeur de l'écriture hiéroglyphique. Comme son épouse, il était l'un des dieux que les scribes vénéraient le plus souvent. Dans certains textes, il a été déterminé qu'il était un dieu solaire mineur aux côtés de son père Râ, mais d'autres ont affirmé qu'il était le fils d'Horus le Jeune. Il a toujours été du côté des humains, jusqu'à leur donner le don du langage et de l'écriture. Certains textes le présentent comme un babouin, mais la plupart du temps, il est représenté comme un homme à tête d'ibis, un oiseau semblable au pélican mais qui vit dans les climats subtropicaux.

Outre l'écriture, Thot était le dieu de la sagesse et avait accès à des secrets et à une magie que les autres dieux ne possédaient pas. Il était donc considéré comme l'une des divinités les plus sages du panthéon. Il était chargé de procéder à la pesée des cœurs, puis de faire part de ses conclusions à Anubis et Osiris, qui jugeaient alors l'âme.

S'il existe plus d'une centaine de divinités individuelles représentant une certaine partie de la vie humaine, il y en a beaucoup qui se chevauchent dans différents domaines. Dans l'ensemble, chaque dieu ou déesse avait des perspectives et des personnalités uniques, des attributs animaux et une esthétique différents, et même ses propres goûts en matière d'habillement et de présentation de soi. Avec plus de 3 000 ans de mythologies changeantes, ce panthéon est riche en traditions. Dans le prochain chapitre, vous trouverez plus d'informations sur les créatures, les monstres et les demi-dieux de cette ancienne mythologie.

CHAPITRE 2 :
CRÉATURES, MONSTRES
ET DEMI-DIEUX

Les créatures, monstres et demi-dieux du panthéon égyptien sont peu nombreux. Chacun des personnages représentés dans ce chapitre était une figure importante, souvent chargée de garder un certain lieu ou même de représenter un animal. Beaucoup de ces créatures étaient des chimères ; elles inspiraient donc à la fois crainte et admiration à ceux qui écoutaient les récits ou lisaient à leur sujet. Chaque créature, monstre ou demi-dieu était doté d'un certain pouvoir magique qu'il utilisait pour se défendre ou pour semer le chaos.

Créatures et monstres

Comme dans toute mythologie, il y a toujours une section consacrée aux nombreux mythes et légendes des créatures qui la composent. Le panthéon égyptien n'échappe pas à la règle. En raison de la nature anthropomorphique des divinités elles-mêmes, il peut être difficile de faire la différence entre une divinité et un monstre. Certaines des créatures énumérées ci-dessous peuvent même être classées comme des divinités en raison de leurs pouvoirs, mais leurs apparences et leurs histoires ont été créées pour persuader les enfants de bien se comporter, et c'est pourquoi elles sont incluses dans cette liste. Voici quelques-unes des créatures de la mythologie égyptienne classées par ordre alphabétique.

Ammit(Ammut)

Ammit était l'une des déesses des Enfers, mais elle régnait en maître pour juger de la bonté des âmes des morts. C'était une chimère avec une tête de crocodile, un corps de lion et un dos d'hippopotame. Également connue sous le nom de "dévoreuse d'âmes", elle était surtout connue pour son rôle lorsqu'une âme était remplie de péchés. Elle représentait non seulement la manifestation de tous les animaux prédateurs pour le peuple égyptien, mais aussi la peur d'une seconde mort. Si une âme était jugée indigne, Ammit la dévorait, l'envoyant dans un purgatoire flamboyant.

Apep (Apophis)

Apep tenait l'un des rôles principaux dans le mythe de Râ et du soleil couchant. Il était le serpent qui essayait d'assassiner Râ chaque matin avant que le soleil ne se lève dans le ciel. Râ et plusieurs autres divinités traversaient le monde souterrain avant de se rendre à l'horizon pour le lever du soleil, où Apep attendait la rencontre désastreuse. Considéré comme l'opposé total des dieux qui se délectaient de l'ordre, Apep incarnait les ténèbres et le chaos. Certaines légendes affirment que les tremblements de terre sont causés par le déplacement d'Apep sous la terre et que les violentes tempêtes du désert sont dues au combat entre Apep et Seth.

On croyait que le serpent existait dans l'univers avant l'arrivée des dieux, et qu'il voulait qu'il revienne au même état qu'avant l'existence de la vie. Cependant, certains textes ont écrit qu'Apep était né après Râ et provenait de son cordon ombilical. Cette représentation de l'origine d'Apep était symbolique de la guerre constante entre la lumière et l'obscurité, l'ordre et le chaos.

Le Griffon

Les origines du griffon ont souvent été entourées de mystère. Personne ne connaît vraiment son mythe d'origine dans la mythologie égyptienne, mais son essence a été transposée dans d'autres mythologies et légendes. La créature était une chimère avec la tête, les ailes et les serres d'un aigle, mais avec le corps musclé d'un lion. Le griffon avait un aspect féroce et était considéré comme un symbole de guerre et de bravoure. Cependant, il avait également deux autres attributs : celui de gardien des trésors et des secrets, et celui de défenseur contre la magie maléfique.

Une représentation du griffon datant d'environ 3100 avant notre ère a été retrouvée. Elle a été trouvée sur une palette, qui a été baptisée par la suite "palette à deux chiens". Sur sa surface, on a trouvé la représentation du griffon ainsi que celle du serpopard, dont il sera question plus loin.

Le Serpopard

Le Serpopard était une autre chimère, combinant les attributs d'un léopard et d'un serpent. Dans ses rares représentations, il était présenté comme une créature ayant le corps d'un léopard, le long cou d'un serpent et la tête d'un serpent ou d'un léopard. Il est intéressant de noter que, selon certaines hypothèses, la tête pourrait être un lion au lieu d'un léopard, mais cela reste un autre mystère.

Tout comme le griffon, on ne connaît pas l'histoire de l'origine du serpopard, mais on en trouve de nombreuses inscriptions sur des vases et d'autres formes de décoration. On croyait qu'il était la représentation symbolique du chaos qui régnait à l'extérieur des frontières du royaume. Dans de nombreuses représentations, ces êtres mythiques sont tués afin de vaincre les peurs du chaos au-delà du royaume. Cependant, on trouve aussi des exemples de deux Serpopards au cou entrelacé, qui représentent également la vitalité et la coopération.

Sphynx

La dernière créature de cette liste est peut-être la plus célèbre. Le sphynx a été immortalisé dans le royaume égyptien par la construction de son portrait à Gizeh, à côté des trois pyramides construites exclusivement pour Râ. Mais il était également un élément important des palais et des temples, puisqu'il était peint sur des fresques murales et que des statues lui étaient même dédiées.

Le Sphynx était une autre chimère, mais constituée d'éléments humains et animaux. Il avait la tête d'un humain, qui reflétait étroitement l'apparence des pharaons et des rois, greffée sur le corps d'un lion. Cependant, cette bête était également associée à Râ, car ils avaient aussi des têtes de faucons et de béliers. La tête d'un humain - plus précisément d'un roi ou d'un pharaon - représentait le pouvoir du roi.

Le Sphynx était également le protecteur des tombes, ce qui explique sa position près des trois tombes de Gizeh. Il est surtout connu pour avoir demandé les réponses à trois énigmes dans le cadre d'une épreuve permettant d'accéder au tombeau et aux nombreux trésors et secrets qui l'accompagnent.

Les demi-dieux

Le film *La momie* a inspiré une nouvelle génération d'archéologues désireux d'en savoir plus sur la culture égyptienne ancienne. Bien que totalement fictif, le film a pris au sérieux certaines sources et les a incorporées dans le film d'action et d'aventure. Imhotep était un véritable demi-dieu dans le mythe de l'Égypte ancienne, mais pas de la manière dont il a été dépeint dans le film. Dans cette section, nous aborderons deux demi-dieux importants qui sont des divinités mineures ou qui ont été divinisés après leur mort.

Apis

Apis était un taureau que l'on croyait être le fils de Ptah. On ne sait pas grand-chose sur ce demi-dieu particulier. Il était principalement le taureau sacré de Memphis et était vénéré en tant que tel. Ce n'était pas un demi-dieu au sens traditionnel du terme, mais c'était tout de même un personnage qui était vénéré comme un être sacré. Doté à l'origine d'un pelage noir, Apis symbolisait les personnes au cœur fort, mais il était également le héraut de Ptah.

Imhotep

Imhotep, grâce au cinéma moderne, a été présenté comme un fonctionnaire du roi Djéser vers 2600 avant notre ère, avant qu'il ne devienne un dieu. Dans sa vie, il était responsable de la conception et de la construction de la pyramide à degrés construite de son vivant. Il s'agissait d'une grande réalisation, à tel point qu'il était considéré comme l'un des architectes les plus célèbres de l'Égypte ancienne.

Non seulement ses compétences architecturales étaient recherchées, mais sa sagesse et son intelligence l'étaient tout autant. Imhotep est l'auteur de nombreux textes sur la sagesse, la médecine et même les mathématiques. La question de savoir si Imhotep était ou non un personnage historique réel reste un mystère en raison du manque d'informations sur sa vie, mais après sa mort, il a été déifié. L'histoire s'est transformée en mythes et légendes, et l'on a cru qu'Imhotep était le fils de Thot, le dieu de l'architecture.

Le mélange de créatures et de divinités était souvent une ligne fine à franchir. Si nombre de créatures, de monstres et de demi-dieux étaient, d'une certaine manière, des divinités, ils étaient souvent considérés comme des gardiens ou des symboles. Ces symboles sont souvent transformés en thèmes principaux et en morales qui sont intégrés dans les mythes eux-mêmes. Mais comment tout cela a-t-il commencé ? La réponse sera révélée dans le prochain chapitre, où nous aborderons les mythes de la création du panthéon égyptien.

CHAPITRE 3 : LES MYTHES DE LA CRÉATION

L'un des aspects les plus intrigants du mythe égyptien de la création est qu'il contient plusieurs variantes du même mythe. Il faut s'y attendre, car il est difficile de déterminer les différentes traductions et les différents contextes. Dans ce chapitre, le mythe de la création se divise en trois parties, chacune représentant une ville et sa divinité principale. Ces villes sont Hermopolis, Memphis et Héliopolis, avec les dieux Amon, Ptah et Râ, respectivement. On peut dire que chaque mythe peut s'appuyer sur l'autre ou se dérouler en même temps. Cependant, chaque mythe était - et est toujours - ouvert à l'interprétation.

Mythe de la création 1 : Amon

Le premier mythe de la création concerne la présence d'Amon. À Hermopolis, que les Égyptiens appelaient Khemnou au lieu de son nom grec, Amon était leur version de Râ, le dieu suprême régnant et créateur de l'univers. Dans cette version du mythe, le monde a été englouti par les eaux. À l'origine, il n'y avait aucun signe de vie pendant des milliers d'années. C'est pourtant dans cette même eau que la première création de dieux a commencé.

L'Ogdoad

Les eaux tourbillonnant pendant de nombreuses années, le vaste océan finit par donner naissance à huit êtres surnaturels qui deviendront plus tard des dieux. Quatre hommes et quatre femmes sont nés de la destruction chaotique des vagues. Chaque mâle et chaque femelle ont été associés par paires avec des noms et des attributs similaires. Les divinités issues des profondeurs étaient connues sous les noms de Kek et Kauket, divinités de l'obscurité et de l'ambiguïté ; Heh et Heuhet, divinités de l'intemporalité ; Nun et Naunet, divinités du premier désordre cosmique à l'origine de leur naissance ; et Amun et Amaunet, divinités de l'air et du soleil.

Malheureusement, il existe peu de détails illustrant le mythe sous forme de récit. Les Égyptiens croyaient que le reste de la création se trouvait dans un œuf mystique appartenant à un ibis ou à une oie, ce qui signifiait la naissance du créateur de tous les dieux. C'est à ce moment-là que le dieu soleil Amon a pris le pouvoir et a jeté les bases des mythes à venir. Le reste était ouvert à l'interprétation, de la raison d'être des dieux à leur apparence.

Les premiers habitants d'Hermopolis pensaient que ce récit du mythe symboliserait le mystère et l'intrigue des débuts des dieux et serait même représentatif des dieux eux-mêmes. Parce que ce mythe était entouré de tant de mystère, il illustrait les dieux et leur mysticisme. Cependant, on pense que ces divinités n'étaient pas seulement les plus anciens des dieux, mais qu'elles étaient également responsables de la création des dieux de l'Ennéade, qui constituaient la génération suivante de dieux.

Mythe de la création 2 : Ptah

L'histoire de Ptah commence à Memphis, qui fut le principal centre de gouvernement de l'empire pendant plusieurs millénaires. Au cours de cette période, le dieu

Ptah est apparu et est devenu la divinité suprême selon le mythe de Memphis. Dans ce mythe, les dieux sont représentés sous leur forme humaine à la suite de leur naissance.

Parler avec son cœur

Selon ce mythe, Ptah est le premier être à être venu à l'existence. Au début, son existence était synonyme de la première parcelle de terre ferme dans l'immensité de l'océan. Une fois qu'il a pris sa forme humaine, il est apparu très beau. Il était souvent représenté sous la forme d'une momie, avec un bras libre pour tenir son bâton. Il avait également le crâne rasé et portait une calotte crânienne.

Ptah, en plus d'être incroyablement beau, était également connu pour ses talents d'architecte. Il observa son environnement et, le voyant dénudé, voulut se créer un lieu plus habitable. Il imaginait le monde qu'il voulait, puis le faisait naître avec son cœur. Ce monde englobait tous les paysages et toutes les formes de vie, y compris les êtres humains.

Cependant, il s'agit d'un processus. L'une de ses premières créations en tant que dieu fut de créer d'autres êtres comme lui. D'un seul souffle, il a donné vie à Atoum, Shou, Nephtys, Osiris, Iris, Tefnout, Nout et Seth. Ces divinités représentaient à la fois l'ordre naturel et l'ordre politique et étaient considérées comme les plus importantes pour Ptah.

Après avoir créé les dieux, Ptah bâtit les fondations de l'Égypte, tant au niveau du paysage physique que des personnes qui y vivent. Il créa l'homme et la faune qui entourait l'Égypte. Il chargea ensuite les autres dieux et déesses de veiller sur l'humanité, mais il était le superviseur de tous.

Mythe de la création 3 : Râ

Ce mythe de la création est peut-être le plus complet des trois. Le mythe entourant Râ (Atoum) est plus complet et comporte beaucoup plus de détails que les deux précédents. Grâce à des écrits anciens tels que les *textes des pyramides*, on dispose de plus de matériel de référence, ce qui permet de connaître plus de détails sur ce mythe. Héliopolis, à cette époque de l'histoire, était l'épicentre du début des pharaons. En conséquence, ce mythe est devenu l'un des mythes de création les plus dominants du panthéon. Dans le mythe, Râ s'appelait Atoum. Par souci de clarté, Râ sera appelé Atoum afin de conserver la racine initiale de la mythologie.

L'Ennéade

À ne pas confondre avec l'*Énéide* de Virgile, le poème épique relatant la vie d'Énée, l'Ennéade était la combinaison des huit divinités créées après l'existence d'Atoum. Comme dans le précédent mythe de la création d'Hermopolis, ces divinités étaient des homologues masculins et féminins par paires. Cependant, les personnages de ce mythe sont différents de ceux du mythe de création d'Hermopolis.

Au début, le monde était plongé dans l'obscurité. Ces ténèbres étaient connues sous le nom de Vide, où rien - y compris la lumière - n'existait. Le Néant n'était rien d'autre que de l'eau sombre et des tempêtes chaotiques y tourbillonnaient. Le dieu de la magie, Heka, attendit le bon moment pour commencer la création. Lorsque tout fut calme, le dieu de l'eau Nu permit à un monticule de surgir des profondeurs aquatiques de l'océan. Ce monticule était également connu sous le nom de *ben-ben*, qui allait devenir Héliopolis.

De ce monticule, un personnage est apparu d'un pilier au sommet du ben-ben. Il était sous sa forme mortelle et les Égyptiens le considéraient comme extrêmement beau. Il regarda autour de lui le néant infini, réalisant qu'il était seul. La création des divinités suivantes, Shou, le dieu de l'air, et Tefnout, la déesse de l'humidité, suivit. Selon certaines versions du mythe, Atoum aurait eu des relations avec son ombre avant de donner naissance aux divinités. D'autres affirment qu'Atoum s'est masturbé sur le monticule où se trouvait le pilier et que le dieu et la déesse sont nés ainsi. Une autre version prétend que les divinités ont été créées par ses crachats et ses vomissements.

La naissance des dieux

Après la naissance de ces dieux, ils ont été chargés de construire les fondements de l'ordre et de la vie sur la terre. Ils quittèrent leur père sur le ben-ben et créèrent les fondements de la vie et de l'ordre. Cependant, leur père était contrarié parce qu'il était, une fois de plus, seul. Il envoya son œil gauche, connu plus tard sous le nom d'œil de Râ, et les chercha. Lorsque ses enfants revinrent pour voir leur père et lui rendre son œil, Atoum pleura tant il était heureux de les voir. Les larmes qui en résultèrent tombèrent sur le monticule et donnèrent naissance au premier homme et à la première femme.

Comme ces nouvelles créatures n'avaient nulle part où vivre, Tefnut et Shu copulèrent et donnèrent naissance à des jumeaux : le dieu de la terre, Geb, et la déesse du ciel, Nout. Le couple créa un foyer pour les nouveaux êtres, afin qu'ils puissent poursuivre leur croissance. Geb et Nout tombèrent profondément amoureux l'un de l'autre, bien qu'ils fussent frères et sœurs. Ils ne se séparèrent jamais et restèrent toujours proches l'un de l'autre. Selon Atum, il fallait mettre un terme définitif à cette absurdité incestueuse. Il sépara donc Geb et Nout pour l'éternité. Il envoya Nout dans les cieux tandis que Geb restait sur Terre, et les deux ne furent plus jamais autorisés à se toucher.

Certaines représentations de Geb et de Nout étaient provocantes, et beaucoup d'entre elles avaient un caractère sexuel. L'une des représentations de cette union dans le *Livre des morts* montre Geb nu dans sa forme humaine, s'alignant avec Nout, également nue mais avec des étoiles sur sa figure. Dans cette même représentation, Atum commence à séparer le couple.

Cependant, Nout était déjà enceinte de ses enfants. Tout en restant dans le ciel, elle donna naissance à ses enfants Osiris, Iris, Horus l'Ancien, Nephtys et Seth. Au fur et à mesure que les enfants grandissaient, leurs attributs et leurs personnalités évoluaient. Osiris, l'aîné des cinq, se révéla être un intellectuel doté d'une autorité judiciaire. Seth, annonciateur du chaos, était profondément jaloux de son frère. Isis, la plus désintéressée des cinq, gagna sa place aux côtés d'Osiris en tant qu'épouse. Sa sœur Nephthys était le pendant d'Isis, l'équilibre entre l'obscurité et la lumière. Nephthys s'associait bien avec Seth, car Seth était également tout à fait à l'opposé d'Osiris. Horace l'Ancien, le dieu de l'air, devint essentiellement le prochain Atum.

Les débuts d'une rivalité

Avec l'augmentation de la population humaine, le besoin d'ordre et d'harmonie s'est fait sentir. C'est pourquoi Atoum désigna Osiris et Isis comme divinités devant régner sur la terre. Atoum devait s'occuper d'autres affaires et laissa son arrière-petit-fils s'occuper de ses affaires. Osiris régna pendant de nombreuses années en tant que dieu principal des Égyptiens, créant ainsi une longue période de paix et d'ordre. Cependant, cela ne devait pas durer en raison de l'intense jalousie de Seth à l'égard de son frère. Ce mythe autour de Seth et d'Osiris sera abordé plus en détail dans le prochain chapitre, avec ses nombreux rebondissements.

Conclusion

Ce chapitre comprend les trois mythes relatifs à la création du monde et de l'Égypte. Le panthéon égyptien diffère d'un endroit à l'autre en raison de l'existence de mythes de création distincts. Comme il y avait trois villes distinctes avec leur propre dieu protecteur, les mythes comportaient des variations distinctes les uns des autres. Bien que certains puissent affirmer que le mythe tournant autour de Râ (Atoum) était le plus important, les nombreuses facettes et variations ne font qu'ajouter à sa richesse. Dans le prochain chapitre, nous découvrirons le mythe passionnant d'Osiris et de Seth, plein de trahisons, d'adultères et de meurtres.

CHAPITRE 4 : LE PREMIER FRATRICIDE ENREGISTRÉ

Le premier enregistrement d'un fratricide et d'un meurtre a inspiré de nombreux récits dans diverses mythologies à travers le monde. Comme nous l'avons mentionné dans le chapitre précédent, la jalousie de Seth à l'égard de son frère a débouché sur une histoire passionnante. Ce mythe tourne autour des nombreuses trahisons de Seth et de sa sœur-épouse Nephtys envers Osiris et Isis. Leur tromperie a entraîné une période de bouleversements et de chaos dans le monde antique.

Le fardeau de la jalousie

Osiris et Seth étaient deux des cinq frères et sœurs de la déesse Nout. Osiris, prouvant qu'il était le meilleur souverain des cinq, fut nommé dieu suprême d'Héliopolis. Pendant de nombreuses années, tout est paisible dans le royaume des hommes et des dieux. Osiris enseignait aux hommes comment labourer les champs, élever des animaux domestiques tels que le bétail et planter les bonnes plantes au bon moment, tout en faisant régner la loi et l'ordre parmi eux. Osiris était considéré comme le premier véritable pharaon du royaume, veillant à ce que chacun joue son rôle dans la société.

On croyait que sa femme, Isis, enseignait alors aux femmes comment utiliser les récoltes de leur mari pour préparer les repas, ainsi que comment tisser des tissus pour fabriquer des vêtements afin de se protéger des éléments et d'être à la mode. Elle leur a également appris à élever les enfants et à les protéger. Ses capacités magiques ont permis aux hommes et aux femmes d'être créés égaux dans le cadre d'un partenariat par le biais du mariage.

Seth et Nephthys

Seth était extrêmement jaloux du règne et des pouvoirs de son frère. Plus les années passaient, plus sa colère et sa jalousie s'envenimaient. Il considérait qu'il n'avait pas eu la chance d'être un chef, et il avait même sa propre vision de la société.

Nephtys, de la même manière, était immensément jalouse de sa sœur. Elle n'était pas seulement jalouse du pouvoir de vie qu'Isis possédait, mais elle était également jalouse qu'Isis soit mariée à son séduisant frère. Fatiguée de son rôle de déesse funéraire, Nephtys élabora un plan de vengeance lubrique à l'égard de sa sœur.

La première liaison

Nephtys éprouvait une immense passion lubrique pour son frère Osiris. Un jour, alors qu'il était seul, Nephtys dissimula sa véritable identité et prit l'apparence d'Isis. Séduite, elle fit croire à Osiris que c'était la véritable Isis qui était à l'origine de l'amour. Les deux hommes eurent une liaison à l'insu d'Osiris et Nephtys tomba rapidement enceinte de son fils Anubis. Elle n'avait pas prévu que cela arriverait et ne voulait que la satisfaction de voir sa vengeance aboutir.

Nephtys cacha la grossesse à Seth et au reste de la famille. Elle craignait la colère de Seth et savait que s'il l'apprenait, Anubis et Osiris en souffriraient énormément. À la naissance d'Anubis, Seth découvrit sa trahison et l'abandonna avec l'enfant. Elle confia l'enfant à Osiris et Isis, craignant pour sa sécurité et celle de son enfant.

L'élaboration de la vengeance

Seth avait toujours été jaloux de son frère pour son pouvoir suprême et son amour du peuple, mais si l'on ajoute à cela la connaissance de la liaison de sa femme, la balance penche vers un chaos débridé. Le dieu fut profondément irrité et blessé par la trahison du caractère sacré de leur mariage par sa femme, à tel point qu'il abandonna Nephtys pour poursuivre son projet de vengeance.

Chaque année qui passait, Seth complotait la mort de son frère. Il savait qu'elle devait être imminente, et chaque instant qui passait le remplissait d'une plus grande rage. Dans le cadre de la préparation de sa vengeance, il reçut secrètement les mesures exactes de son frère pour un coffre orné qui devait être fabriqué avec le meilleur savoir-faire. Pendant la construction du coffre, il imagina un moyen de faire entrer son frère dans le coffre de son propre chef.

Alors que le coffre est presque achevé, Seth prépare les moindres détails pour que son plan fonctionne. Il décide d'organiser une grande fête à laquelle Osiris et d'autres sont invités.

L'heure du festin

Grâce à tous ces préparatifs minutieux, Seth a pu créer un jeu pour provoquer le meurtre de son frère. Le coffre devait être le point de mire après la fin du festin. Lorsque tout le monde fut présent, le festin commença. Les rires résonnaient le long des murs et l'odeur de la nourriture était enivrante. Tout le monde semblait s'amuser et Seth commença à laisser entendre qu'il avait organisé un jeu avec un grand prix à la fin.

Une fois le festin terminé, Seth annonça que le jeu allait commencer. Il conduisit tout le monde à l'endroit où se trouvait le coffre magnifiquement orné, où tous se tenaient en admiration. Seth leur présenta le jeu : il s'agissait de voir si quelqu'un pouvait trouver pour qui ce coffre avait été conçu. Il leur donna ensuite l'indice que pour vraiment le découvrir, tout le monde devait monter dedans et voir s'il leur convenait.

Les dieux et les déesses voulaient tous ce magnifique coffre, et ils se sont donc empressés d'essayer d'y grimper à tour de rôle. Personne ne rentrait dans le coffre. Osiris, curieux de voir si le coffre lui irait, fut le dernier à y grimper. Choqué, il proclama fièrement que le coffre lui allait et qu'il en était donc l'heureux propriétaire.

Dans la précipitation, Seth a fait tomber le couvercle sur Osiris, l'emprisonnant à l'intérieur. Seth dit au public qu'il ramènera Osiris chez lui, afin qu'il puisse apprécier pleinement ce qu'il y a à l'intérieur. Mais ce n'est pas le cas.

Au lieu de ramener le dieu de la royauté dans sa maison, Seth jette Osiris dans le Nil où il se noie. À son retour à Héliopolis, Seth annonce la mort d'Osiris et s'autoproclame roi. Avec le dieu du chaos comme roi, le monde tomba dans le délabrement et l'obscurité. Isis et le reste des Égyptiens pleurent la perte de leur r oi.

Le démembrement

Lorsque Seth revient du meurtre d'Osiris, Isis soupçonne la mort de son mari. En toute hâte, elle se mit à la recherche de son mari avec l'aide du peuple. Pendant qu'ils chassaient son mari, ils marchaient péniblement dans les eaux inondées du Nil. Ils finirent par trouver le fameux coffre à l'intérieur d'un arbre près d'une ville appelée Byblos. Lorsqu'elle et ceux qui l'ont aidée ont découvert le coffre, ils l'ont retiré de l'arbre et ont trouvé le corps d'Osiris à l'intérieur. En remerciement de l'aide apportée par le peuple, Isis lui a donné la possibilité de fabriquer du papyrus, une invention destinée à aider les gens à écrire des documents importants. Ce détail a peut-être été ajouté plus tard pour consolider le fait que le papyrus était le principal produit d'exportation des Égyptiens.

Cacher le corps à un Dieu en colère

Isis ramena le corps à Héliopolis pour le ressusciter. Elle cacha le corps dans un endroit sûr et chargea sa sœur Nephtys de le garder. Pendant ce temps, elle réunit les sorts, potions et ingrédients nécessaires pour assurer une résurrection complète. Nephthys accepta volontiers de garder le corps d'Osiris ; elle se sentait coupable de la liaison qu'elle avait eue avec lui et voulait se rattraper auprès de sa sœur.

Seth se méfie alors d'Isis et craint qu'elle ne retrouve le corps de son frère et ne tente de le ressusciter. Il la chercha, mais découvrit qu'elle était partie. Conscient des capacités magiques, de l'intelligence et de l'ingéniosité d'Isis, il décide de coincer sa femme et de lui demander si elle a découvert le corps.

Nephtys lui mentira et lui dira que non, Isis n'avait pas découvert le corps. Cependant, Seth savait quand sa femme le trompait. Il l'interrogea jusqu'à ce qu'elle lui révèle l'emplacement du corps et ce qu'Isis avait prévu pour lui.

L'horreur indicible

Après avoir forcé sa femme à lui indiquer l'emplacement du corps, Seth passe à l'action. Il demanda à ses hommes de main de récupérer le corps dans sa cachette. Peu de temps après, les hommes de main revinrent avec le corps. Il repoussa ses hommes et recourut à la seule façon logique de disposer du corps pour s'assurer que la résurrection ne se produirait pas. Il devait le démembrer.

Il posa le corps du défunt sur une table devant lui, où il commença à découper son frère en morceaux. Dans certaines versions de ce mythe, le nombre de morceaux était de 14, tandis que d'autres versions en revendiquaient 42. Pour mieux souligner l'horreur du crime, ce livre fera référence à cette dernière.

Une fois le corps entièrement démembré, Seth se précipite sur le Nil et disperse les restes. Dans son esprit, si un seul morceau manquait, la résurrection était condamnée. Fier de son exploit et persuadé qu'Isis ne trouverait jamais tous les morceaux, Seth retourne chez lui.

Résurrection

Pendant ce temps, Isis retourne à l'endroit secret après avoir rassemblé tout le matériel nécessaire pour ramener Osiris d'entre les morts. Arrivée sur place, elle contemple le spectacle qui s'offre à elle. Le coffre a été forcé et le corps de son mari a disparu. Elle sait que Seth est à l'origine de cette disparition et tombe à genoux de chagrin et de rage. Des larmes coulaient silencieusement sur ses joues.

Nephtys était arrivée et avait trouvé sa sœur en train de pleurer sur le sol. Elle se sent honteuse et coupable d'avoir révélé l'emplacement du corps. Sachant ce que Seth avait fait, elle en informa Isis. Elle commença par s'excuser d'avoir gâché la chance de sa sœur de retrouver son mari, puis proposa qu'elles cherchent ensemble la dépouille.

Isis accepta l'arrangement, impatiente de retrouver chacune des 42 pièces. Au fur et à mesure que chaque pièce flottait le long du Nil, elles l'enterraient sous un monticule avec un gardien pour la protéger de Seth et de ses sbires. On croyait que chaque pièce enterrée sous un monticule représentait les 42 provinces de l'Égypte, la légende voulant que les deux déesses aient fondé ces provinces.

Une fois la plupart des morceaux rassemblés, les deux déesses ont reconstruit le corps d'Osiris. D'autres morceaux sont rassemblés jusqu'à ce que tous soient trouvés sauf un : le pénis, qui aurait été mangé par un poisson dans la rivière. Les déesses ne se laissent pas décourager pour autant. Isis fabriqua un substitut du pénis et le plaça sur le corps de l'homme. Anubis, devenu adulte, aida son père à revenir à la vie en l'embaumant et en le momifiant davantage. En plus des incantations, potions et herbes de sa mère, Anubis et Isis le ramenèrent à la vie, mais seulement pour quelques instants. C'est au cours de cette brève période qu'Horace le Jeune a été conçu.

En raison de son incomplétude, Osiris ne pouvait plus régner sur le pays. Au lieu de cela, il a été chargé de se rendre aux Enfers et d'utiliser son nouveau pouvoir sur la mort pour juger et régner sur les âmes des défunts.

La naissance d'Horus le Jeune

Isis est obligée de cacher sa grossesse à Seth, de peur que ce dernier ne la fasse tuer, elle et son enfant. Lorsqu'elle accoucha, elle jeta des sorts de protection sur lui, afin que Seth ne découvre jamais l'enfant. Elle nomma l'enfant Horus, un enfant destiné à ramener la paix et l'harmonie sur la terre d'Égypte. Le peuple, ainsi que les divinités elles-mêmes, attendaient avec impatience le jour où Horus défierait son oncle et reprendrait le trône. Malheureusement, le temps de la reconquête du trône par Horace fut une longue attente pour le royaume.

Conclusion

Ce mythe est le premier du genre avec ses nombreux scénarios choquants et dérangeants. Du fratricide au démembrement, en passant par l'adultère et même la nécrophilie, ce mythe englobe un grand nombre de tabous et d'horreurs inexplicables. Ce mythe servait non seulement à expliquer les relations et la dynamique des dieux, mais aussi à mettre en garde le public contre les dangers de la violence. Il mettait en garde le public contre les dangers d'une jalousie intense et le chaos qu'elle pouvait engendrer. Dans le prochain chapitre, la chute de Seth à cause d'Horus le Jeune illustrera davantage le produit de cette jalousie.

CHAPITRE 5 : LA BATAILLE ENTRE SETH ET HORUS

Le dernier volet de ce mythe constitue la personnification de la lutte entre le bien et le mal, l'ordre et le chaos. La rivalité entre Seth et Horus était considérée comme le conflit le plus intense et le plus amer de toute la mythologie égyptienne. Les divinités se sont affrontées pendant 80 ans avant que l'une d'entre elles ne s'approprie le trône. Entre-temps, avant qu'Horus ne devienne adulte, Seth avait envoyé ses serviteurs pour découvrir où se trouvaient Isis et le nouvel enfant.

L'enfance d'Horus

Pendant les nombreuses années d'attente de la réalisation complète d'Horus, le royaume tomba dans un désarroi encore plus grand. Les ténèbres et le désespoir s'emparèrent du pays et le peuple lutta pour survivre. Nulle part n'était à l'abri, et le peuple devait endurer le mode de vie imposé par Seth, y compris la déesse enceinte et son enfant à naître. Seth apprit bientôt la grossesse et recruta ses hommes de main pour retrouver Isis.

Se cacher à la vue de tous

Lorsqu'Isis comprit que les sbires de Seth avaient pour mission de la retrouver et de la tuer avec le bébé, elle se cacha immédiatement. Sa sœur et le dieu Thot l'aidèrent à lancer des sorts de protection pour empêcher Seth de la retrouver. Isis était réputée pour ses capacités magiques et sa maîtrise des potions, et elle utilisa ses compétences pour écarter les menaces potentielles. Elle se cacha et accoucha dans une partie marécageuse du Nil où peu de gens s'aventuraient, ce qui lui permit d'élever son fils en paix. Elle nomma son fils Horus en l'honneur de son frère et comme une lueur d'espoir pour le peuple égyptien.

Alors que l'enfant devenait adulte, sa mère et lui étaient toujours obligés de se cacher dans les entrailles du marais. Horus grandit en écoutant sa mère raconter les histoires de son défunt père. Au fur et à mesure qu'il grandissait, elle lui expliquait la profondeur de la tromperie de son oncle. Pendant ce temps, Isis et Horus veillaient l'un sur l'autre, reconnaissants pour les incantations qui les aidaient à garder le secret. Les sbires de Seth les recherchaient en vain et revenaient toujours à Seth les mains vides.

Seth savait qu'ils étaient toujours là, attendant qu'Horus atteigne la maturité. Il savait qu'il s'agissait là d'une recette pour sa perte définitive, aussi continua-t-il à les chercher. Il ne se décourageait jamais et sa colère inspirait la crainte à ses sbires, qui continuaient à chercher des preuves de leur survie.

L'enfance d'Horus a été marquée par le danger. Même s'il connaissait les puissantes incantations de sa mère, il avait toujours peur de les découvrir. Le danger se cachait derrière chaque partie du marais. Malheureusement, il n'existe aucune histoire connue de l'enfance d'Horus et de la façon dont il a traversé les nombreux dangers du marais et des sbires de Seth.

Horus et Seth se rencontrent enfin

Lorsque Horus atteignit l'âge adulte, Isis libéra les sorts de protection autour du couple. Horus était devenu un bel homme, doué d'aptitudes au combat et d'une intelligence à toute épreuve. Cependant, il ne cherchait pas l'amour, mais la vengeance. Il se fraya un chemin jusqu'au trône où il défia son oncle dans de nombreux duels.

L'histoire du voyage d'Horus vers le trône n'est pas connue en détail, mais il semble que Seth attendait qu'il se révèle après de nombreuses années de clandestinité. Seth se débarrasse des gardes supplémentaires autour de son royaume et attend patiemment l'arrivée d'Horus sur le trône.

Seth n'eut pas à attendre longtemps. Il contempla son futur rival qui entrait dans la salle du trône et réclamait son droit d'aînesse. Seth fut amusé qu'un si jeune dieu ose le défier, mais il accepta néanmoins de relever le défi.

La bataille pour la domination

Pendant 80 ans, les deux dieux se sont livrés à des rivalités et à des concours mesquins et amers pour savoir qui méritait le mieux le trône. Au départ, le différend devait être réglé par un duel. Seth, fort de ses nombreuses années d'existence, était confiant dans ses capacités à vaincre son adversaire. Les capacités d'Horus pâlissaient en comparaison en raison de son manque d'expérience. Set savait qu'il pouvait gagner ce duel.

Ce que Seth ne savait pas, c'est qu'Horus avait passé son temps dans la clandestinité à s'entraîner pour ce moment précis. De plus, Horus est furieux des mauvais traitements infligés à son père, à sa mère et à tout le peuple égyptien. Il souhaite ardemment que la justice et la paix soient rétablies dans le royaume sous son règne.

Les deux hommes se sont battus en duel, mais ils étaient de force égale. Chacun essaya de renverser l'autre, mais en vain. Ils se livrèrent à de nombreux duels, essayant de prendre le dessus sur l'autre, mais chaque duel se termina par un match nul. Comme ils ne parvenaient pas à s'imposer l'un à l'autre, ils s'adressèrent à un trio de dieux pour qu'ils les mettent à l'épreuve et règlent leur différend une fois pour toutes.

Les épreuves pour le trône

Après que Seth et Horus eurent convoqué un tribunal composé des divinités les plus puissantes du royaume, les trois dieux émergèrent et écoutèrent les deux parties. Chacun prétendait que le trône lui appartenait, et les trois dieux Râ, Shou et Thot, respectivement dieux du soleil, de l'air et de la sagesse, écoutèrent les deux parties avec grand intérêt. Ils autorisèrent le dieu du chaos à prendre la parole en premier. Seth inventa une histoire de tromperie, affirmant que le trône lui revenait de droit après la mort d'Osiris. Mais Horus ne se laissa pas décourager. Lorsque vint son tour de s'adresser aux dieux, il affirma que le trône lui revenait de droit après l'assassinat de son père.

Seth, cependant, n'est pas convaincu. Comme Horus avait une tête de faucon, il fit remarquer au trio qu'Horus ne serait pas un bon chef pour l'Égypte. Il prétendit qu'étant donné que les corbeaux portaient malheur et qu'Horus était étroitement lié à eux en raison de sa nature aviaire, Horus provoquerait la chute du mode de vie égyptien.

Tandis que Thot et Shou pensent qu'Horus devrait recevoir le trône, Râ n'est pas convaincu. Parce qu'il était le dieu le plus ancien et que son opinion n'avait pas été exprimée en premier, il vota pour Seth. Il prétendit que Seth était le plus fort des deux et que sa force porterait à jamais le poids de la responsabilité. En outre, Seth avait plus d'expérience qu'Horus en tant que souverain.

Le vote exigeait cependant que les trois dieux aient la même opinion. Lorsque les dieux n'ont pas pu se mettre d'accord sur un vote, ils ont introduit le concept d'une petite série d'épreuves à commencer. Celui qui remportait le plus grand nombre d'épreuves était déclaré roi légitime.

Le premier procès : Hippopotames

Seth réfléchit à une compétition qu'il serait le seul à pouvoir remporter et décida de la première épreuve. La première épreuve était assez simple : les deux dieux devaient se transformer en hippopotames et couler au fond du Nil. Celui qui parviendrait à retenir son souffle le plus longtemps gagnerait. Les deux dieux se transformèrent en hippopotames et coulèrent au fond du Nil.

Isis doute des capacités de son fils. Elle savait qu'Horus devait gagner cette épreuve pour asseoir sa position d'héritier légitime du trône. Elle fabriqua une arme pour blesser Seth mais finit par toucher Horus à la place. Se rendant compte de son erreur, elle visa Seth et le blessa à son tour. Les deux dieux émergèrent simultanément des profondeurs, ce qui annula les résultats.

Dans sa colère, Horus décapita sa mère pour avoir interféré. Le trio des dieux n'approuva pas ce choix et refusa de fermer les yeux sur ce comportement. Le résultat donna Seth vainqueur de l'épreuve. Furieux, Horus s'en alla en claquant la porte et attendit la prochaine épreuve. Après l'épreuve, l'aimable dieu de la sagesse Thot ranima Isis, lui accordant une nouvelle chance de vivre.

Le deuxième procès : Lutte pour la domination

En guise d'avertissement, je vous signale que le prochain procès est plutôt graphique et que tout le monde ne se sentira pas à l'aise en le lisant.

Pendant la nuit, Seth tenta de sodomiser Horus pour affirmer sa domination sur le jeune dieu. Horus, cependant, n'a pas voulu permettre cette humiliation. Il trompa Seth en lui faisant croire qu'il avait réussi dans sa tentative, mais Horus avait recueilli le sperme de Seth dans ses mains. Horus demanda conseil à sa mère, Isis, qui, voyant le sperme dans les mains de son fils, les coupa et les jeta dans le Nil. Pour se venger, Horus mit son propre sperme sur de la laitue. Avant le procès, Horus fit cadeau à Seth de cette laitue, qui était son plat préféré. Il mangea la laitue, sans savoir ce qu'Horus lui avait fait.

Seth s'était arrangé pour que le tribun des dieux observe la domination sur Horus en prétendant que ses témoins se trouvaient à l'intérieur du corps du jeune dieu. Mais ce n'était pas le cas. Lorsque Seth appela ses témoins, tout resta silencieux. Horus appela alors sa propre semence comme témoin, et comme ils se trouvaient à l'intérieur du corps de Seth, il fut convenu qu'Horus avait gagné le procès.

Le troisième procès : Course de bateaux

Seth et Horus avaient tous deux leurs groupes d'adeptes et de croyants. Cependant, le trio de dieux ne pouvait pas faire une évaluation juste et décida donc d'une dernière épreuve : une course de bateaux. L'épreuve était simple : des bateaux devaient être taillés dans la pierre et faire l'objet d'une course. Celui qui franchirait le premier la ligne d'arrivée serait considéré comme le souverain légitime de l'Égypte.

Les dieux concurrents se mettent rapidement au travail sur leurs bateaux. Seth construisit un magnifique bateau en pierre. Il était fier du bateau qu'il avait sculpté et pensait pouvoir gagner la course. Horus construisit son bateau en bois et non en pierre, puis l'enduisit d'une pierre plus claire pour lui donner l'apparence de la pierre.

La course commença, et Horus était en tête grâce à la flottabilité du bateau. Le bateau de Seth, quant à lui, avance lentement et finit par s'enfoncer dans le Nil.

Seth est raillé et ridiculisé pour sa défaite facile. Horus termine la course, mais pas avant que le dieu du chaos ne se transforme en hippopotame et ne révèle la supercherie à l'intérieur du bateau d'Horus. Les dieux concédèrent qu'Horus était disqualifié pour tricherie tandis que Seth était disqualifié pour conduite antisportive. C'est ainsi que le procès final commença.

Le procès final : Lettres à Osiris

Les dieux ne parvenant toujours pas à un vote unanime, ils estimèrent que le souverain d'origine devait avoir son mot à dire sur le nouveau dirigeant de l'Égypte. Chaque dieu fut chargé d'écrire une lettre au dieu des Enfers, justifiant ses prétentions au trône.

Osiris lit chaque lettre et donne son verdict final. Il se prononça en faveur de son fils car il estimait que personne n'avait le droit de régner sur l'Égypte après avoir assassiné le roi précédent. Les autres divinités sont d'accord avec cette décision et Seth est condamné à l'exil dans le désert. Désormais, il est connu comme le dieu du désert et des tempêtes.

Autres récits

Certaines versions du mythe ont donné une fin différente aux nombreuses batailles entre Horus et Seth. Par exemple, certaines versions affirment que Seth n'a pas été condamné à l'exil, mais qu'il a été tué par Horus. Bien qu'il s'agisse d'une fin satisfaisante au règne de terreur que Seth avait fait régner sur les Égyptiens, ce n'est pas la seule version de cette histoire.

D'autres versions du mythe décrivent Horus comme un dieu bon et indulgent, et Seth et lui avaient convenu de diviser la terre en deux parties, chacune représentant leur règne. Horus gagna le royaume de Haute-Égypte, avec les villes les plus précieuses du pays, tandis que Seth fut autorisé à régner sur la Basse-Égypte, connue pour son désert.

Les conséquences

L'élimination de Seth permet au royaume de rétablir l'équilibre et l'ordre chez les Égyptiens. Il en résulta une paix qui dura de nombreuses années sous le règne d'Horus. Alors qu'Horus reconstruisait l'Égypte après les ravages causés par le règne de Seth, il put rétablir Isis en tant que reine régnante et sa tante Nephtys en tant que conseillère. Sa présence dans le royaume marque le début d'une nouvelle ère de paix.

Conclusion

Ce mythe est rempli d'action, de trahisons, d'humiliations et de dieux indécis qui, en fin de compte, ont pris la bonne décision. Les nombreuses batailles entre Horus et Seth ont cimenté leur place dans l'histoire comme l'une des épreuves les plus alambiquées pour déterminer un souverain. La victoire d'Horus, considéré comme l'héritier incontestable du trône, lui a conféré le droit divin de régner, éclipsant ainsi tous les doutes antérieurs. Les générations suivantes de rois et de pharaons croyant descendre des dieux eux-mêmes, les futurs rois d'Égypte ont célébré Horus et se sont considérés comme Horus réincarné. Si ce mythe était considéré comme l'un des plus grands et des plus importants, il mettait également en garde contre les répercussions de la commission d'un péché mortel. Le meurtre et le viol, en particulier d'un jeune roi, étaient alors passibles de lourdes peines.

Le prochain chapitre sera un mythe un peu plus léger en termes d'ambiance et de contexte. Il s'agit d'un conte sur l'amour et l'importance de la patience. L'histoire elle-même peut vous sembler familière, alors continuez à lire pour découvrir pourquoi.

CHAPITRE 6 : LA FILLE AUX PANTOUFLES ROSES

"La jeune fille aux chaussons roses" est un conte sur les amants et la romance. Ce mythe tourne autour d'une jeune femme grecque du nom de Rhodopis qui a été réduite en esclavage dans une ville égyptienne. Elle perd un objet précieux qui lui appartient et craint qu'il ne revienne jamais, mais un visiteur surprise se présente à sa porte et les deux hommes finissent par se marier. Si cette histoire vous semble un peu trop familière, c'est parce que ce mythe a été la première version écrite du conte de fées "Cendrillon".

Les anciens Égyptiens considéraient que tous les aspects de la vie étaient importants, et les histoires d'amour et de romance trouvent un écho chez de nombreuses personnes. Les anciens Égyptiens avaient peut-être des tendances morbides dans leurs récits, mais l'une de leurs histoires d'amour est encore très présente dans la culture populaire d'aujourd'hui.

La vie en esclavage de Rhodopis

Selon le mythe, la principale protagoniste de cette histoire, une belle femme grecque du nom de Rhodopis, était une jeune femme timide et tranquille. Pendant la majeure partie de sa jeune vie, elle a été asservie et gardée par des hommes riches. Elle était souvent chargée de cuisiner, de faire le ménage et de s'occuper de la maison, comme les autres esclaves de l'île où elle était détenue. Son histoire était assez tragique au début, mais avec le temps, elle a réussi à gagner le cœur de tout un empire.

Enlevée par des pirates et vendue comme esclave

Rhodopis n'a jamais connu ses parents. Elle a été enlevée par des pirates alors qu'elle était très jeune. Les pirates l'ont vendue à un esclavagiste grec qui a tiré profit de son enlèvement et de sa mise en esclavage. En raison de sa petite taille, elle a été soignée par les autres esclaves. L'homme qui l'a achetée vivait sur l'île de Samos, où il disposait d'un grand nombre d'esclaves.

La jeune femme était calme et timide, mais aussi très gentille. Elle entretenait des liens d'amitié étroits avec les autres esclaves, en particulier avec Aesop. Esope était considéré comme un vieil homme laid, mais gentil, qui racontait toujours des histoires et des fantasmes sur la vie sauvage et la magie. Ses histoires l'enchantaient. Dans ces moments-là, ses malheurs s'envolaient.

Enfant, Rhodopis rêvait d'un pays où elle pourrait se libérer de son esclavage. Lorsqu'elle est devenue une jeune et belle femme, son esclavagiste a décidé qu'il pouvait tirer profit de sa beauté. Elle a été forcée de quitter sa vie antérieure et de devenir la propriété d'un autre homme en Égypte.

Peu de temps après, le bateau d'esclaves a accosté dans la ville égyptienne de Naucratis. Désorientée, elle est alors jetée dans une cage pour être exposée dans les rues de la ville. Les rues accueillaient également de nombreux Grecs, ce qui permettait au pharaon d'ouvrir le commerce. Le pharaon de l'époque s'appelait Amasis et considérait cette ville portuaire comme l'un des ports cruciaux pour le commerce, qui incluait également la traite des esclaves. Il avait également peur et voulait renforcer ses alliés pour les aider à repousser l'Empire perse.

La ville était presque entièrement constituée de culture grecque, mais de nombreux Égyptiens y vivaient encore. Au milieu de Naucratis, le commerce des esclaves est en plein essor.

En observant la ville, la jeune Rhodopis semble condamnée. Alors que les autres esclaves sont vendus aux enchères, elle craint un sort pire que la mort. Cependant, tapi dans la foule, un vieil homme grec avait remarqué sa beauté. Lorsque les enchères commencèrent, le vieil homme fit monter les enchères et l'acheta.

Charaxos

Lorsque le vieil homme réclame son prix, il dit s'appeler Charaxos. C'était un riche marchand qui s'était retiré dans la ville après avoir passé sa vie à faire du commerce avec l'Égypte. Charaxos, comme tout le monde, était en admiration devant la beauté de la jeune femme et l'a raccompagnée chez elle. Au lieu de se taire, elle lui raconta la chronique de sa vie. Ce récit émut profondément Charaxos, qui en vint même à plaindre la pauvre jeune femme. Il voulut l'aider autant qu'il le pouvait et, avec le temps, il prit le rôle d'un père.

La nouvelle vie de luxe

Charaxos fut immédiatement surpris lorsqu'il contempla la beauté au teint pâle, aux cheveux sombres et aux joues roses. Elle était pour lui comme une nouvelle fille, et il lui donna tout ce qu'elle désirait. Bien que Charaxos n'ait jamais eu d'enfants, il était attiré par elle et voulait la protéger. Au fil du temps, ils se rapprochèrent. Ils étaient tous deux heureux. Parmi les cadeaux qu'il lui offrit, il y avait une maison avec un jardin dans la cour située au milieu de la maison, des esclaves pour s'occuper d'elle, de nombreuses tenues et des bijoux.

Les pantoufles roses

L'un des cadeaux qu'elle chérissait le plus était une magnifique tenue avec une paire de chaussures roses et une ceinture ornée de bijoux. Elle portait souvent cette tenue lors des diverses fêtes et réunions sociales auxquelles elle avait désormais accès. En plus de cette tenue, elle passait la plupart de son temps à l'extérieur, dans le jardin. Au milieu du jardin se trouvait une baignoire en marbre magnifiquement ornée, où elle se baignait en observant la nature.

Scène du crime

C'était une journée typique dans la maison. Rhodopis prenait souvent des bains au milieu de la journée pendant l'été pour se rafraîchir. Elle se déshabille dans la cour pendant que les femmes esclaves préparent le bain pour elle. Elle posait ses pantoufles et sa ceinture sur la table au fond de la cour. Une fois le bain pris, les femmes esclaves s'occupaient de ses biens les plus précieux.

Elle s'allongea dans la baignoire, savourant la fraîcheur de l'eau contre sa peau. Elle se mit en position pour observer la nature comme elle le faisait d'habitude, quand soudain un aigle descendit en piqué et saisit l'une des chaussures dans ses serres. Les femmes esclaves se dispersèrent rapidement, s'enfuyant de peur et de choc. Rhodopis, elle aussi, est choquée. Elle se leva dans son bain alors que l'aigle réclamait sa récompense, mais aussi vite qu'il était venu, il s'en alla. U n souffle d'horreur s'échappa de la jeune Rhodopis. Elle regarda l'aigle s'envoler en direction du Nil vers une destination inconnue. Affolée, elle se retira du bain et pleura dans sa chambre.

Arrivée du destin

L'aigle se rendit à Memphis où le pharaon Amasis, assis dans sa grande cour, écoutait ses concitoyens. Il écoutait leurs problèmes avec un cœur ouvert et prenait des décisions basées sur la meilleure façon de protéger et de subvenir aux besoins de son peuple. La tâche pouvait être ardue, mais il ne voulait que la santé, le bonheur et l'harmonie pour les Égyptiens.

Le même aigle se posa devant le roi, lui cachant la vue d'un des paysans qui se trouvaient devant lui. L'aigle laissa tomber la chaussure devant lui et le fixa quelques brefs instants avant de s'envoler dans les cieux.

Amasis serre la chaussure devant lui. Croyant qu'il s'agissait d'un signe d'Horus, le dieu des pharaons, il examina attentivement le contenu de la chaussure. Elle était bien faite, avec des matériaux coûteux et des détails complexes, y compris les petits bijoux délicats qui tapissaient l'extérieur ; il savait que le propriétaire de la chaussure serait tout aussi exquis.

Il proclame sa volonté de retrouver la propriétaire de la chaussure, de la lui rendre et de la ramener à Memphis pour en faire sa fiancée. Envoyant ses messagers dans toutes les villes d'Égypte, il reste à Memphis jusqu'à ce que sa future épouse soit découverte.

Une nouvelle vie de luxe

Au bout de plusieurs mois, le pharaon s'impatiente de l'absence de nouvelles de ses messagers. Ils ont cherché un propriétaire avec la même chaussure, mais en vain. Certaines familles ont essayé de contrefaire la chaussure, mais chaque affirmation s'est révélée fausse. Enfin, une rumeur courut selon laquelle la véritable propriétaire de la pantoufle était une jeune femme grecque qui vivait avec l'un des hommes les plus riches de Naucratis. L'un des messagers rapporte la rumeur à Amasis. Se fiant à ses conseillers, il mit le cap sur la grande ville et se promit de ne pas revenir à Memphis tant qu'il n'aurait pas retrouvé le propriétaire légitime de la pantoufle.

Les amoureux s'unissent enfin

Amasis et quelques-uns de ses messagers accostèrent au port de Naucratis. Une fois dans la ville, il demanda à plusieurs passants dans la rue où il pouvait trouver la femme à la chaussure rose-rouge. Certains d'entre eux étaient nouveaux dans la ville, mais il y avait une esclave qui savait où vivait la jeune femme grecque. Elle donne alors des indications à Amasis et à ses hommes. La femme esclave avait dit que la jeune femme avait été esclave comme elle, mais qu'un homme à l'âme bienveillante l'avait achetée et l'avait traitée comme une fille perdue depuis longtemps. Amasis savait que cette femme était la bonne propriétaire et, soulagé, il se rendit chez Rhodopis.

Rhodopis était chez elle dans le jardin lorsqu'elle entendit frapper à sa porte. N'attendant personne, elle ouvre prudemment la porte et a la grande surprise de voir le pharaon sur le pas de sa porte.

Amasis a été époustouflé par sa beauté. Il lui montre alors la chaussure qui lui a été volée plusieurs mois auparavant. Elle pousse un cri de soulagement : sa précieuse pantoufle lui est enfin rendue. Lorsqu'elle étendit le pied, Amasis fit glisser la chaussure sur son pied délicat et découvrit qu'il s'agissait bien de la sienne. Rhodopis demande alors à ses esclaves de récupérer le jumeau de la chaussure afin de les réunir.

Une demande en mariage inhabituelle

Après avoir confirmé que Rhodopis était bien la femme qu'il recherchait, il décréta qu'elle devait retourner à Memphis avec lui pour devenir sa reine. C'était une offre qu'elle ne pouvait pas refuser. Non seulement la parole du pharaon faisait loi, mais elle était également très attirée par lui. Elle prépara rapidement ses affaires avec l'aide de ses esclaves et fit ses adieux à Charaxos, qui s'était bien occupé d'elle. Charaxos hésite à la voir partir, mais il sait qu'on s'occupera d'elle.

De retour à Memphis, Amasis épouse Rhodopis. On dit que le couple jouit alors d'une vie harmonieuse, saine et luxueuse, jusqu'à leur mort. Selon la légende, ils moururent le même jour pour voyager ensemble dans l'au-delà.

L'autre version

Dans d'autres variantes de ce mythe, il s'agit plutôt d'une véritable histoire de fortune qui ressemble davantage à l'histoire de Cendrillon. Dans cette version, Rhodopis était toujours esclave, mais pas d'un vieil homme bon et doux. Au lieu de cela, elle était souvent obligée de cacher ses pantoufles aux autres esclaves qui auraient été tentés de les voler. Pour elle, les chaussures étaient la seule partie de sa vie antérieure dont elle se souvenait. Elle ne se souvenait pas de ce qui les reliait à elle et à sa famille, parce qu'elle en avait été séparée très jeune.

Elle vivait et travaillait dans une grande maison située sur l'une des rives du Nil, très peuplée d'esclaves. Les esclaves mâles et les hommes qui visitaient la maison ne cessaient de s'extasier devant sa beauté. Les autres femmes esclaves devenaient jalouses de l'attention qu'elle suscitait chez les hommes, croyant qu'elle avait aussi un air d'arrogance. La jeune Rhodopis était calme et timide, réagissant à peine aux avances des hommes.

Les esclaves savaient que Rhodopis détenait un trésor inestimable : des chaussures rouge-rose et des bijoux délicats. Les femmes jalouses ont essayé de localiser le trésor, mais Rhodopis les a trop bien cachés.

La cachette secrète

Après une longue journée de travail, elle sortait souvent les pantoufles de leur cachette et regardait les bijoux capter la lumière du soleil et de la lune. Elle était fascinée par les nombreuses couleurs qui brillaient sur les bijoux. Lorsqu'elle était satisfaite et que son humeur s'améliorait, elle remettait les pantoufles dans leur cachette jusqu'à la prochaine fois où elle aurait besoin de se sentir mieux.

Un soir, elle n'arrive pas à s'endormir. La nuit était calme et elle décida de contempler les bijoux de ses chaussures au clair de lune. Rhodopis se rendit alors dans sa cachette désignée où elle admira la lumière qui scintillait sur les bijoux. La lumière l'envoûte et ses soucis disparaissent pour quelques instants. Alors qu'elle remettait ses chaussures en place, un aigle descendit du ciel nocturne et vola l'une de ses chaussures. Lorsqu'elle réalisa que la chaussure était perdue à jamais, elle retourna dans son lit et pleura jusqu'à ce qu'elle s'endorme.

La (presque) même résolution

La trame principale de l'histoire est restée la même dans cette version, mais il y a eu quelques différences. L'un des conseillers d'Amasis découvrit l'endroit où elle se trouvait et lui fit essayer la chaussure dans les quatre jours qui suivirent. Satisfait de son apparence, le conseiller savait que le roi serait reconnaissant de l'existence d'une telle femme. Le pharaon fut immédiatement épris d'elle lorsqu'il la vit pour la première fois, et ils se marièrent peu de temps après.

Lorsque le conseiller est arrivé à la maison, l'une des autres femmes esclaves lui a répondu. Il s'enquit de l'esclave qui avait perdu une intrigante chaussure rouge ornée de bijoux. Dans son esprit, cette femme n'aurait aucun moyen de posséder le jumeau de la chaussure ; s'il s'agissait d'une fausse déclaration, elle serait punie.

Croyant que le pharaon se trouvait dans la maison pour punir Rhodopis d'avoir gardé un tel trésor, elle escorta le conseiller, qui exigea la preuve qu'elle était bien la propriétaire de la chaussure. Rhodopis montre alors au conseiller l'endroit où elle a caché l'autre chaussure. Interloqué par la véracité des propos de l'esclave, il lui ordonne de le suivre à Memphis pour devenir la reine d'Égypte.

La famille qu'elle servait était contrariée par l'enlèvement d'une de leurs esclaves, mais le conseiller leur offrit un bracelet en or pur en guise de paiement. Elle fut ensuite raccompagnée à Memphis, où elle épousa le pharaon et vécut une vie heureuse avec lui.

Conclusion

Les mythes du panthéon égyptien ne sont pas tous liés à la mort et aux ténèbres. Si les anciens Égyptiens étaient fascinés par la mort, celle-ci ne régnait pas complètement sur leur vie. Ils croyaient également que l'amour était une force puissante en soi. Selon le mythe, l'amour était un don accordé et béni par les dieux. Cependant, ce mythe a résisté à l'épreuve du temps. Non seulement cette même histoire a été racontée au fil des générations avec de nombreuses variantes, mais la croyance en une fin heureuse était une bouffée d'air frais dans les nombreux mythes qui tournent autour de la violence. Cependant, dans le chapitre suivant, la violence est à nouveau au cœur du mythe.

CHAPITRE 7 : L'ŒIL D'HORUS

L'œil d'Horus est un symbole très connu de guérison, de protection et de clair-voyance. Le mythe raconte que la perte de l'œil d'Horus est due à la faute de Seth lors de leurs nombreuses batailles et épreuves. Il n'est pas surprenant que la perte de son œil ait été causée par Seth, compte tenu de leurs 80 années de conflit. Le mythe connaît plusieurs variantes, notamment en ce qui concerne les détails graphiques de l'histoire ou leur absence. Il existe plusieurs récits contradictoires, et ce chapitre aborde deux de ces versions. Chaque mythe diffère des autres par de nombreux détails, depuis la divinité qui a reconstruit l'œil jusqu'à l'endroit où il a été perdu.

La bataille du royaume

Le chapitre 5 raconte l'histoire d'Horus et de Seth et leur lutte pour le pouvoir. Dans certains mythes, Seth était présenté comme un menteur et l'incarnation du mal et de la jalousie. Bien que la personnalité de Seth ait déjà été établie, il a ouvert la voie à l'un des symboles les plus connus de tous les temps.

La perte de l'œil au combat

Seth et Horus se sont souvent affrontés pour la domination et le droit de régner sur l'Égypte. Dans une version du mythe, la perte de l'œil est le résultat de la tricherie de Seth, qui tentait de faire valoir ses droits au trône. Les deux hommes se sont livrés à un combat d'entraînement. On dit qu'ils étaient à égalité, mais Seth voulait s'assurer qu'il remporterait le droit au trône.

À un moment donné, Seth a presque réussi à maîtriser Horus dans un duel armé. D'un seul geste, Seth arracha l'œil gauche de son adversaire. Horus s'est effondré de douleur. Seth jubilait de sa victoire facile. Mais Horus ne se laissa pas faire. Lorsque Seth est distrait, Horus le frappe à l'aine et lui rompt les testicules. Selon le tribunal, les dieux étaient à nouveau dans une impasse.

Thot réussit à restaurer complètement l'œil et les testicules de Seth se rétablirent sans la moindre cicatrice. Selon le mythe, l'œil gauche était lié à la lune et à ses cycles de décroissance et de décroissance. L'œil ayant été entièrement restauré par Thot, il était alors perçu comme rétablissant l'ordre à partir du chaos.

Recoller les morceaux

Dans un autre mythe, Horus s'est fait enlever l'œil par Seth alors qu'il dormait. Après l'une des batailles au cours desquelles Horus a été vaincu, il s'est installé dans un endroit isolé et a fini par s'endormir. Sous le couvert de l'obscurité, Seth s'approcha d'Horus endormi et lui arracha l'œil. Horus se réveilla en sursaut et hurla de douleur. Il ne pouvait pas voir Seth, mais il savait que le dieu du chaos était derrière cette attaque.

Victorieux, il déchira l'œil en six morceaux et les dispersa dans le Nil, de la même manière qu'il avait traité le corps d'Osiris tant d'années auparavant. Les morceaux flottent sur le Nil et il pense qu'il ne sera pas vaincu lors de leur prochaine bataille.

Horus demande l'aide d'Hathor, la déesse de l'amour. Ils parcourent le Nil à la recherche de tous les morceaux de l'œil, mais n'en trouvent que cinq sur six. Horus et Hathor recrutent alors Thot pour assembler les morceaux cassés. Thot prit les morceaux dans ses mains et y ajouta un élément magique afin qu'Horus puisse voir l'invisible et ce qui allait suivre.

Conclusion

L'œil d'Horus était un symbole important dans la culture égyptienne ancienne. En raison de son pouvoir magique et de sa signification symbolique de protection, l'œil gauche d'Horus était ancré dans la culture égyptienne antique. Il était gravé sur des amulettes pour protéger leur porteur et était même peint sur des bateaux pour les protéger des dangers de la mer. L'œil d'Horus, avec ses nombreux pouvoirs mystiques, dont celui de voir tout ce qui se passe, a eu un impact considérable sur la civilisation égyptienne et est encore abondamment utilisé aujourd'hui. Un autre œil, souvent confondu avec l'œil d'Horus, sera abordé dans le prochain chapitre, dans un mythe sur la destruction et la fin potentielle de l'humanité.

CHAPITRE 8 : L'ŒIL DE RÂ

L'œil de Râ, qui était l'œil droit de Râ, ne doit pas être confondu avec l'œil d'Horus, même si certains textes intervertissent les symboles. L'œil de Râ était un autre symbole de pouvoir, de protection et du soleil, par opposition à l'œil d'Horus qui représentait la lune. Cependant, ses nombreux pouvoirs avaient tendance à se superposer à ceux de l'œil d'Horus, ce qui entraînait une certaine confusion entre eux. Il a toujours été symbolisé par un disque représentant le soleil et une paire de cobras uræus entourant le disque. Un mythe de Râ se distingue des autres, mettant en évidence son pouvoir destructeur.

La quasi-destruction de l'humanité

L'œil de Râ symbolisait non seulement le pouvoir des pharaons, mais illustrait également le pouvoir destructeur du soleil. Dans certaines versions du mythe, l'œil de Râ représentait également les déesses apparentées à Râ, telles que Hathor, Nout et d'autres. Hathor, cependant, est la déesse qui a joué un rôle majeur dans ce mythe. L'œil a été utilisé comme une arme contre l'humanité après que Râ ait été déçu par le peuple qu'il avait créé, signifiant ainsi la fin de sa création.

Le travail de Set est terminé

Après la mort d'Osiris, Seth a accueilli une nouvelle ère d'hommes dotés de caractéristiques négatives telles que la guerre, la famine, le meurtre et même la cupidité. La montée en puissance de Seth a rendu inutiles toutes les lois précédentes et le monde a été plongé dans une tempête de chaos. Après qu'Horus eut repris le trône, il y eut beaucoup de travail à refaire, et les dieux et le peuple commencèrent à reconstruire le royaume.

Cependant, le travail de Seth avait déjà été accompli. Alors que les aspects physiques de la terre étaient reconstruits, l'humanité dans son ensemble devint profondément troublée. Les Égyptiens, dont le cœur était autrefois pur, avaient désormais en eux des ténèbres dont ils ne pouvaient se défaire. Ils n'étaient plus que des coquilles de ce qu'ils étaient auparavant, et les attributs liés à la corruption et à la brutalité se cachaient en eux. Il n'y a pas eu de retour à la lumière après que les ténèbres se soient infiltrées dans le cœur des hommes.

La déception du Dieu Soleil

Selon le mythe, le dieu soleil Râ était revenu sur terre après avoir terminé la création de l'univers. Il était ravi de voir à quel point la civilisation s'était développée et quels progrès elle avait accomplis en son absence. Fier de ses réalisations et de sa création, il retourna sur terre. Cependant, lorsqu'il revint, le royaume n'était plus le même que lorsqu'il l'avait quitté. En un instant, il détecta la corruption de sa création.

Le dieu du soleil fut immensément déçu par sa création. Non seulement ils étaient loin de l'évolution qu'il avait prédite, mais il y avait encore des preuves de l'influence corruptrice de Seth. Certains bâtiments étaient encore délabrés, il y avait une odeur distincte de sang séché qui avait été répandu, et les yeux des gens semblaient hantés et effrayés au lieu d'être heureux et satisfaits.

Au lieu d'éprouver de l'empathie pour sa création, Râ se mit en colère. À l'époque, il n'avait pas réalisé l'étendue du pouvoir de Seth et en voulait donc à son peuple de n'être devenu rien de mieux que des sauvages. En conséquence, il ordonna le génocide de son peuple.

L'œil de Râ

Pour punir pleinement le peuple, Râ fit appel à Hathor. Utilisant le pouvoir de son œil, il transforma alors la douce déesse aimante en un signe avant-coureur de la mort appelé Sekhmet. Sekhmet était une déesse de la guerre dotée d'une tête de lionne sur un corps de femme. Râ lui ordonna de tuer tout humain qui se trouverait sur son chemin.

Sekhmet massacra sans remords un grand nombre de personnes en Égypte, appréciant l'accomplissement de son devoir. Plus elle faisait couler de sang, plus elle en avait envie.

Râ regarda d'abord avec plaisir Sekhmet massacrer les humains sur son passage. Cependant, sa rage sanguinaire avait assez duré. La déesse ne montrait aucun signe d'arrêt, et la lueur meurtrière dans ses yeux devenait plus brillante à chaque meurtre. Râ, alors submergé par la culpabilité et l'inquiétude d'avoir complètement mis fin à sa création, entreprit de la rappeler à l'ordre. Elle ne tint pas compte de son avertissement et le dieu du soleil fut contraint de soumettre la déesse.

Soumettre Sekhmet

La maîtriser ne sera pas une tâche facile. Ra a alors conçu une idée consistant à utiliser de la bière et du colorant rouge pour l'endormir. Une fois la bière et les grenades collectées, le plan est mis en œuvre. Plus de 7000 gallons de bière et de jus de grenade au total furent rassemblés et il mélangea le jus à la bière pour lui donner la couleur cramoisie qu'elle recherchait, qui fut ensuite répandue dans toute la ville. Sekhmet a ensuite bu le mélange alcoolisé.

Une fois rassasiée, Sekhmet sombrait dans un profond sommeil dû à la forte teneur en alcool. Selon la légende, elle a dormi trois jours d'affilée et s'est réveillée en pleine forme. Après son réveil, Râ retira son œil de Sekhmet et celle-ci redevint la déesse Hathor. Bien que la majorité de l'humanité ait été dévorée, elle a pu se reconstruire. Râ jura de ne plus jamais utiliser de mesures aussi drastiques contre sa création.

Conclusion

Le mythe de Râ et de son œil n'est pas aussi répandu que le célèbre symbole de l'œil d'Horus. Cependant, le mythe illustre le pouvoir destructeur de son œil, qui a ensuite été utilisé comme symbole de protection. Ce symbole de protection et son pouvoir destructeur sont entrés dans l'histoire.

La civilisation égyptienne antique a été à un moment donné une puissance mondiale, et il est facile de comprendre pourquoi. Grâce à leurs ressources et à leur pouvoir sur le peuple, les Égyptiens ont représenté une période de l'histoire humaine où les mythes et les légendes étaient au cœur du système de croyances de leur peuple. Cela se reflète dans tous les domaines, des rites funéraires aux nombreuses dynasties qui croyaient au droit divin de régner. Cette civilisation, avec ses nombreuses divinités du panthéon et ses mythes et légendes, est l'une des civilisations les plus intéressantes qui suscite encore l'admiration et l'émer-veillement. Même si de nombreux mystères entourent encore l'Égypte ancienne, sa mythologie offre des leçons et des aventures fascinantes.

www.ingramcontent.com/pod-product-compliance
Lightning Source LLC
Chambersburg PA
CBHW070941120626
46546CB00004B/1505